THE HISTORY 세계사 인물 12
예수

THE HISTORY 세계사 인물 12

예 수

펴낸날 2025년 5월 23일 1판 1쇄

펴낸이 강진균

글 박홍근

그림 김혜영

편집·디자인 편집부

마케팅 영업부

제작 강현배

펴낸곳 삼성당

주소 서울시 강남구 선릉로 747 삼성당빌딩 9층

대표 전화 (02)3443-2681 **팩스** (02)3443-2683

출판등록 1968년 10월 1일 제2-187호

ISBN 978-89-14-02192-2 (73990)

본 저작물은 저작권법에 따라 보호를 받는 책이므로 무단 전재와 무단 복제를 금합니다.
※ 파본은 바꾸어 드립니다.

THE HISTORY 세계사 인물 12

예 수

차례

예수의 탄생 ·· 11

예수의 제자들 ··· 36

바리새파 사람들 ·· 56

돌아온 방탕한 아들 ······································ 78

최후의 만찬 ·· 104

예수의 생애 ·· 122

예수 ·· 123

예수의 탄생

지금으로부터 2천여 년 전, 지중해의 동쪽 끝에 있는 팔레스타인 지방은 로마 제국이 통치하고 있었다.

그곳에 사는 유대인*들은 이 세상을 구원해 줄 메시아가 나타나기를 간절히 기다리고 있었다.

"구세주는 대체 언제 오시는 걸까?"

"내년에 오시는 걸까? 아니면 5년이나 10년쯤 기다려야 하는 걸까? 아, 어서 구세주가 오셨으면······."

"구세주라고?"

다른 한 사람이 물었다.

"응, 구세주는 우리들을 구원해 주실 위대한 분이야. 이 땅에서 로마 사람들을 쫓아내고 옛날처럼 평화와 자유가 넘치는 살기 좋은 나라로 만들어 주실 분이지."

그러자 옆에 있던 한 사람이 뾰로통한 얼굴로 말했다.

"흥, 오기는 뭐가 와!"

한동안 구세주를 믿는 사람들과 그렇지 않은 사람들 사이에 서로의 주장이 오갔다.

어째서 유대인들은 그토록 구세주가 오기를 기다리고 있었던 것일까? 그 무렵, 유대인들은 로마 사람들의 지배를 받고 있었다.

따라서 유대인들은 누구나 로마 황제의 명령에 복종하지

유대인

이스라엘 국민으로 유대 민족을 가리킨다. 이들은 로마 제국의 지배로 팔레스타인 지방에서 쫓겨나 전세계로 흩어졌지만, 유대교의 민족혼을 유지하여 제1차 세계 대전 후 팔레스타인 지방으로 돌아왔고, 제2차 세계 대전 후 이스라엘을 건국했다.

유대교의 랍비.
랍비는 '나의 스승', '나의 주인'이라는 뜻이다.

않으면 안 되었다.

 로마 병사들은 창과 방패로 무장하고 행진하면서 마음에 들지 않는 유대인이 있으면 거침없이 채찍을 휘둘렀다.

 하지만 유대인들은 신앙심이 아주 두터운 사람들이라 모든 어려움을 견뎌 낼 수 있었다.

 마리아 역시 믿음이 깊은 사람이었다. 그녀는 여느 때처럼 혼자 엎드려 하느님께 기도를 드리고 있었다.

 그때, 천사 가브리엘이 나타나서 말했다.

 "하느님의 은총을 받은 마리아님, 기뻐하세요."

 마리아는 깜짝 놀랐다. 천사를 보고 기뻐하기는커녕 자꾸만 몸이 떨려 왔다.

 "두려워하지 마세요, 마리아님. 당신은 아들을 낳게 될 것입니다. 그 아기의 이름을 '예수'라고 지으세요. 그는 하느님의 아들로, 이 땅의 모든 백성을 구원하실 분입니다."

 천사의 말을 듣고 있던 마리아는 조용한 목소리로 물었다.

 "저는 처녀인데 어떻게 그런 일이 있을 수 있지요?"

 "하느님께서는 무슨 일이든 다 하실 수 있답니다."

"네, 정말 그렇겠군요. 그렇다면 지금 말씀하신 대로 저에게 하느님의 은총이 내려지도록 해 주세요."

이런 일이 있고 나서 얼마 후, 마리아는 천사의 말대로 아기를 가졌다.

이 무렵 마리아는 요셉과 혼인을 하기로 약속한 사이였다.

마리아가 아기를 가진 뒤 요셉의 꿈에 천사가 나타났다.

"다윗의 자손인 요셉이여, 아무런 의심도 하지 말고 마리아를 아내로 맞이하십시오. 지금 마리아가 잉태한 아기는 하느님의 아들로, 죄 많은 백성을 구하실 분입니다."

요셉은 믿음이 강한 사람으로 목수일을 하고 있었다. 그는 천사의 말에 따라 마리아를 아내로 맞아들였다.

그 당시 유대에서는 로마 총독의 명령에 따라 14년마다 인구를 낱낱이 조사해 많은 세금을 거두어들였다.

그래서 요셉과 마리아도 로마 총독의 명령에 따라 고향인 베들레헴으로 가야만 했다.

며칠 뒤, 두 사람은 가까스로 베들레헴에 다다랐다.

마침, 마리아가 진통을 시작하자 요셉은 쉴 곳을 찾았다.

"더 이상 안 되겠어. 일단 아무 데나 들어가서 좀 쉬어야겠소. 오, 저기 마구간이 있구려."

아기 예수는 바로 그날 밤 태어났다. 강보에 싸여 말구유에 뉘어진 아기, 그는 세상을 구원할 메시아였다.

한편, 그날 밤 어느 곳에 양 떼를 몰던 목자들이 있었다.

대천사 가브리엘이 성모 마리아에게 그리스도의 잉태를 알리는 수태고지

"이크, 또 깜박 졸았네."

"젠장…… 남들이 다 잠든 오밤중에 올빼미처럼 눈을 뜨고 있어야 한다니!"

그때, 한 줄기 바람이 휭 불어왔다.

"아니, 이게 무슨 소리죠?"

"이런 겁쟁이 같으니라고."

"난 또 이리가 나타난 줄 알았죠, 뭐."

"아, 날씨가 제법 쌀쌀한걸."

"불이라도 좀 지펴야겠어."

목자들은 모닥불을 피운 다음 그 주위에 빙 둘러앉아 따뜻하게 몸을 녹였다.

그때 갑자기 한 목자가 동쪽 하늘을 가리키며 소리쳤다.

"아, 저게 뭐지?"

그곳에는 이상한 빛이 떠올라 있었다. 주위는 금세 그 눈부신 빛으로 대낮처럼 환해졌다.

"대체 무슨 일일까?"

놀란 목자들은 겁에 질려 벌벌 떨고 있었다.

그때, 하늘에서 천사의 목소리가 들려왔다.

"두려워하지 말라. 나는 세상 사람들에게 기쁜 소식을 전해주려고 온 것이다. 오늘 밤 베들레헴에서 구세주가 태어나셨다. 그러니 모두 베들레헴으로 가서 말구유에 누워 있는 아기를 보아라. 너희들이 보게 될 그가 바로 세상을 구

원할 구세주이니라!"

이 말과 함께 천사들의 아름다운 노랫소리가 들려왔다.

하늘 높은 곳에서는 하느님께 영광을, 땅에서는 마음이 착한 이에게 평화를…….

목자들은 무릎을 꿇고 엎드려 있다가 노래가 그치자 고개를 들었다. 주위는 다시 캄캄해졌다.
목자들은 너무나 감격하여 한동안 입을 열지 못했다.
"우리가 꿈을 꾼 것은 아닐까?"
"분명히 하늘에서 천사가 나타나 우리의 구세주가 태어나셨다고 말했어."
"그래, 틀림없어."
"그렇다면 어서 베들레헴으로 가 보죠."
천사의 목소리를 들은 한 무리의 목자들은 어쩔 줄을 몰랐다.
"잠깐!"

"왜 그래?"

"양들은 어떻게 하죠?"

"지금 양들이 문제야? 구세주 탄생이란 말만 들어도 막 가슴이 설레는데……."

양 떼를 지키는 일은 어찌 돼도 좋았다. 어서 구세주를 보고 싶은 마음뿐이었다.

목자들은 베들레헴에 다다라 한동안 헤맨 끝에 조그맣게 불빛이 새어 나오는 곳을 발견했다.

그곳은 다름 아닌 마구간이었다.

"아마 여기일지도 몰라."

목자들은 그 안을 들여다보았다. 말구유 옆에 한 사나이가 서 있고, 그 앞에 젊은 여인이 누워 있었다.

"망설일 것 없어. 어서 들어가 보세."

목자들은 성큼 안으로 들어가 어리둥절해하는 요셉과 마리아를 향해 정중하게 인사했다.

말구유 속에는 강보에 싸인 아기가 잠들어 있었다. 잠든 아기의 얼굴 위로 희미한 빛이 맴돌았다.

목자들은 아기의 거룩한 모습에 이끌려 앞다투어 절을 했다.

"당신들은 누구신데 이렇게……."

아기 옆에 서 있던 요셉이 깜짝 놀라며 물었다. 그러자 목자들은 들뜬 목소리로 대답했다.

"우리는 들판에서 양을 치는 목자들입니다. 한데 구세주가 태어나셨다는 천사의 말을 듣고 이렇게 찾아왔습니다."

이 말을 들은 아기 어머니 마리아의 눈에서는 기쁨과 감사의 눈물이 흘러내렸다.

한편, 멀리 동방에서도 세 사람의 박사가 낯선 별을 발견했다.

그들은 별을 연구하는 학자들이었다. 하지만 별을 연구한다고는 해도 오늘날과 같은 과학적인 연구가 아니었다. 주로 점을 치는 것과 관계된 학문이었다.

어느 방향에 어떤 별이 나타나면 좋은 일이 일어난다거나, 귀한 사람이 태어날 때는 이상한 빛을 내는 새로운 별이 나타난다는 식이었다.

목자들이 눈부신 별빛을 본 그 시각에 동방 박사* 세 사람도 하늘을 바라보다가 깜짝 놀랐다.

"서쪽 하늘에 나타난 저 별을 보십시오."

"지금까지 한 번도 보지 못한 별이로군요. 아마도 귀한 사람이 태어날 징조인가 봐요."

"서쪽 하늘이라면 유대 쪽이군요. 함께 가 봅시다."

"귀한 분이 태어났다면 우리도 만나 보는 게 어떻겠소?"

"저 별을 따라가면 왕이 태어나신 곳을 알 수 있을 것입니다."

"저 별은 왕이 태어나셨기 때문에 나타난 게 틀림없소."

세 사람의 동방 박사는 멀리 예루살렘까지 찾아갔다.

"혹시 유대의 왕께서 태어나신 곳을 아십니까?"

동방박사

예수가 탄생했을 때 새로운 별이 나타난 것을 보고 먼 길을 찾아간 페르시아의 점성가들. 이들의 방문은 하느님의 아들 예수가 유대인 이외의 사람에게 최초로 모습을 나티낸 일로 중요하게 여겨진다.

마구간에서 태어난 아기 예수에게 경배하는 동방 박사

"왕이라뇨?"

이 소문을 듣고 가장 많은 걱정을 한 사람은 예루살렘 성전을 증축한 헤롯왕이었다. 그는 잔혹한 왕이었다.

"이럴 수가……. 내가 유대의 왕이거늘 또 무슨 왕이 태어났다는 말이냐?"

헤롯왕은 버럭 화를 내며 명령했다.

"당장 동방 박사들을 불러들여라!"

헤롯왕이 동방 박사들에게 물었다.

"정말 새로운 유대 왕의 탄생을 알리는 별이 나타났소?"

"그렇습니다. 그 별이 우리를 여기까지 인도했습니다."

"그래요? 그렇다면 찾아보시오. 그리고 찾거든 곧장 알려 주시오. 나도 경배하러 갈 테니……."

헤롯왕은 짐짓 이렇게 말했지만, 마음속으로는 태어난 아기를 찾아 없애 버려야겠다고 생각했다.

세 박사는 헤롯왕에게 인사한 뒤 다시 길을 떠났다. 밤이 되자 동방에서 본 그 별이 다시 떠올라 그들을 이끌어 주었다.

그리하여 동방 박사 세 사람은 어렵지 않게 아기가 태어난 곳을 찾을 수 있었다.

별은 베들레헴 변두리의 어느 초라한 집 위에 멈추었다.

"바로 여기군요. 우리가 애타게 찾는 유대의 왕이 이 집에서 태어나셨소."

그때, 아기의 울음소리가 마구간에서 흘러나왔다. 박사들은 재빨리 안으로 들어갔다. 거기에는 허술한 옷차림의 남자와 갓난아기를 안은 한 여인이 서 있었다.

"유대인들을 구원해 줄 참된 왕의 탄생을 축하합니다!"

동방 박사 세 사람은 아기 앞에 무릎을 꿇고 황금과 보석, 향유 등을 선물로 바쳤다.

"구세주여, 보잘것없는 우리들의 선물을 받아 주십시오."

이것이 바로 첫 번째 크리스마스 선물이었다.

다음 날 아침, 동방 박사 중 한 사람이 말했다.

"지난밤에 이상한 꿈을 꾸었소. 천사가 나타나서, 돌아가는 길에 헤롯왕을 만나지 말라고 하더군요."

"그것참 이상한 일이군요. 나도 똑같은 꿈을 꾸었어요."

"나 역시 그랬소."

세 사람은 모두 같은 꿈을 꾸었다.

이 꿈을 하느님의 계시로 생각한 동방 박사들은 헤롯왕에게 가지 않고 다른 길을 통해 페르시아로 향했다.

요셉과 마리아는 천사가 알려 준 대로 아기 이름을 예수라고 지었다.

유대인들은 예로부터 첫아기는 하느님의 것으로 믿고 있었다.

그래서 요셉과 마리아는 아기 대신 산비둘기와 집비둘기 한 쌍씩을 하느님에게 바치는 의식을 치르기로 했다. 이것은 유대인들의 관습인데, 그 대신 하느님의 것인 아기를 돌려 달라는 의미가 있었다.

"우리도 예수를 데리고 성전을 참배합시다."

요셉이 이렇게 말한 것은 예수가 태어난 지 40일이 좀 지났을 때였다. 예수를 안은 요셉과 마리아는 산비둘기와 집비둘기 한 쌍씩을 가지고 예루살렘으로 갔다.

그런데 성전에 들어서자 한 노인이 두 팔을 벌리며 다가

마리아와 요셉이 예수의 이름을 등록하는 장면

왔다.

"저는 시몬이라는 사람인데, 언젠가 꿈속에서 하느님의 음성을 들었습니다. 하느님은 저에게 구세주께서 나타날 때까지 죽어서는 안 된다고 하시더군요. 한데 조금 전에 또다시 하느님의 음성이 들려왔습니다. 하느님께서는 지금 제 눈앞의 갓난아기가 구세주라고 말씀하셨습니다. 그러니 부탁하건대, 제 팔로 구세주이신 성자를 안아 보게 해 주십시오."

요셉과 마리아는 서슴지 않고 노인에게 아기를 내주었다. 그러자 예수를 안은 시몬은 하늘을 향해 감사의 기도를 올렸다.

"하느님, 당신께서 이 땅에 보내 주신 구세주를 제 눈으로 직접 보았습니다. 그러니 무엇을 더 바라겠습니까? 이제 저를 당신 곁으로 편안히 데려가 주십시오."

이렇게 기도를 마치고 나서 시몬은 마리아에게 말했다.

"이 아기는 수많은 사람들에게 하느님의 은총과 구원을 가져다줄 것입니다. 하지만 그 이상의 참기 어려운 고통을 받을 것이며, 당신께 커다란 슬픔도 안겨 줄지 모릅니다.

그 모두가 하느님의 뜻이니 피할 수도 없지요. 이 아기 성자와 당신들에게 하느님의 보살핌이 함께하길 빕니다."

그러고 나서 시몬은 마리아에게 아기를 건네주더니 어디론가 모습을 감추었다.

"저는 걱정이 되어 견딜 수가 없습니다. 예수를 건강하게 잘 키워야 할 텐데 과연 그럴 수 있을지……."

마리아가 요셉에게 말했다.

예루살렘의 성전에서 돌아온 후에도 그러한 걱정은 두 사람의 마음에서 떠나지 않았다.

그러던 어느 날 밤, 요셉의 꿈속에 천사가 나타났다.

"요셉이여, 예수와 마리아를 데리고 베들레헴을 떠나 어서 이집트로 가십시오. 헤롯왕이 예수를 찾아 죽이려 하고 있습니다."

그즈음 헤롯왕은 두 살이 안 된 사내아이들을 모조리 잡아다 죽이라는 명령을 내렸다.

요셉은 깜짝 놀라 잠에서 깨어 마리아에게 자신의 꿈 이야기를 들려주었다.

그러자 마리아는 아기 예수를 꼭 껴안았다.

"어서 이곳을 떠나 이집트로 갑시다."

"밤바람이 무척 차갑군."

요셉의 가족이 조금이라도 늦게 베들레헴을 떠났더라면 예수는 목숨을 잃었을지도 모른다.

되돌아온다고 약속한 동방 박사들이 모습을 나타내지 않자, 헤롯왕은 매우 화가 나서 병사들에게 베들레헴에 사는 두 살 이하의 사내아이를 모두 죽이라고 명령했다.

"하느님! 아기를 구해 주셔서 감사합니다."

며칠 뒤의 일이었다. 천사가 나타나 요셉에게 말했다.

"요셉아! 이제 헤롯왕이 죽었으니, 예수를 데리고 유대로 돌아가거라."

그래서 요셉과 마리아는 예수를 데리고 이집트를 떠났다. 하지만 베들레헴으로 가지 않고 예수가 태어나기 전에 요셉이 목수일을 하던 갈릴리의 나사렛이란 작은 마을로 갔다.

그곳에서 요셉은 다시 목수일을 시작했다.

예수의 생애를 나타낸 그림의 일부

　예수는 나사렛 마을의 학교에서 아이들과 함께 열심히 공부하면서 자랐다.
　그 당시는 교회가 학교였기 때문에 <구약성서>를 몇 번씩이나 읽고 외며 찬송가를 불렀다.
　나사렛 사람들은 요셉 가족에게 일어났던 이상한 일들을 전혀 모르고 있었다.
　그래서 어린 예수를 보아도 단지 이렇게 말할 뿐이었다.
　"예수는 정말 영리하게 생겼어요."
　"머지않아 아버지 못지않은 훌륭한 목수가 될 거야."
　예수는 요셉과 마리아의 사랑을 받으며 자라났다.

유대인들은 해마다 4월이면 유월절이라는 명절을 지냈다. 유월절은 유대인들이 옛날에 이집트(에굽)에서 탈출할 수 있도록 도와 준 하느님께 감사드리는 축제였다.

믿음이 깊은 사람들은 모두 이 명절을 지키기 위해 예루살렘으로 모여들었다.

그 해에 예수도 열두 살이 되었기 때문에 부모님을 따라 예루살렘에 가게 되었다.

"예루살렘은 여기서 꽤 멀리 있는 곳이지요?"

"몇 날 며칠은 걸어야 할 거다. 함께 갈 수 있겠니?"

그러자 어머니가 대답했다.

"예수도 이제 많이 컸으니 문제없을 거예요."

"걱정하지 마세요. 저는 처음 하는 여행이라 마음이 설레기까지 하는걸요."

그 당시 유대인들의 관습은 사내아이가 열두 살이 되면 어른 대접을 받게 되어 있었다.

마리아는 무사히 열두 살이 된 예수를 보자 가슴이 벅차 올랐다.

'이 아이를 지금까지 잘 자라게 해 주셔서 감사합니다.'

마리아는 마음속으로 하느님께 기도를 올렸다.

유월절에는 예루살렘을 찾는 사람들이 무척 많았다.

길 양편에는 생선, 기름, 과일, 비단 등을 파는 가게들이 즐비하게 늘어서 있었다.

요셉과 마리아는 예수를 데리고 언덕 위에 있는 성전을 향해 걸어갔다. 성전은 대리석과 황금으로 지은 웅장한 건물이었다.

성전 앞에는 하느님에게 바칠 어린 양과 비둘기, 소 등이 많이 있었다.

사람들은 저마다 기도를 드리고 노래도 불렀다.

예루살렘이여, 하느님의 수도요, 평화의 수도. 아아, 우리들은 예루살렘을 사랑한다.

성전에서 해야 할 모든 일을 끝낸 요셉과 마리아는 집으로 돌아갈 채비를 했다.

예루살렘 신전을 복원해 놓은 모형

그런데 어디로 갔는지 예수가 보이지 않았다.

"아니, 예수가 없잖아요!"

"조금 전까지 저쪽에 있었는데……. 아마 다른 사람들하고 먼저 떠나서 우리를 기다리고 있을지도 모르지. 예수는 영리하니까 길을 잃지는 않았을 거요."

"그럴까요? 그럼, 우리도 빨리 떠나요. 집으로 가는 길에 예수를 만날 수 있게 될지 모르니까요."

요셉과 마리아는 서둘러 길을 떠났다. 그러나 한참을 가도 예수는 보이지 않았고, 이미 날은 어두워졌다.

"안 되겠소. 예루살렘으로 돌아가 다시 찾아봅시다."

두 사람은 허둥지둥 예루살렘으로 되돌아왔다. 그러나 혼잡한 거리 어디에서도 예수의 모습은 눈에 띄지 않았다.

사흘 동안 헤맨 후에야 성전 안의 한 방에서 겨우 예수를 찾아낼 수 있었다.

예수를 찾는 일에 지쳐 버린 요셉과 마리아가 하느님께 기도할 수밖에 없다고 생각해 성전으로 갔던 것이다.

그런데 뜻밖에도 예수는 거기에서 여러 학자와 한자리에 앉아 서로 질문을 하며 말을 나누는 중이었다.

학자들은 예수의 총명함에 놀라워하고 있었다. 마리아는 반가움을 감춘 채 예수에게 다가가서 말했다.

"애야, 대체 여기서 뭘 하고 있는 거냐? 아버지와 내가 얼마나 찾아다녔는데……."

"저를 찾아다니시다니요? 제가 아버지 하느님 집에서 하느님의 일을 해야 한다는 것을 모르셨습니까?"

요셉과 마리아는 '아버지 하느님 집에서 하느님의 일을 한다.'는 것이 무슨 뜻인지 알 수가 없었다.

두 사람은 단지 예수의 말과 행동이 그가 태어날 때 있었

던 일들과 연관이 있는 것 같다고 짐작할 뿐이었다.

　잠시 후, 예수는 학자들에게 인사하고 요셉과 마리아 곁으로 돌아왔다. 그들은 예수를 데리고 나사렛으로 향했다.

역사 속으로

팔레스타인

지중해 동쪽 해안의 이스라엘·요르단·이집트로 둘러싸인 지역을 말한다. 20세기 들어 지금까지 유대와 아랍의 민족 운동 진영이 서로 영유권을 주장하는 분쟁 지역으로 남아 있다.

성서 시대에는 팔레스타인에 이스라엘 왕국과 유다 왕국이 자리 잡고 있었다. '성지'라고도 불리며, 정도는 다르지만 유대교·그리스도교·이슬람교 등에서 모두 팔레스타인을 신성시한다. 유대교 전통에 따르면, '에레츠 이스라엘'('이스라엘의 땅'이라는 뜻)이라고 불리는 팔레스타인은 하느님이 약속한 땅이자 가장 거룩한 곳으로 유대 민족 독립의 중심지였다.

그리스도교에서는 예수와 사도들이 생활하고 복음을 전파한 현장으로 중시되며, 이슬람교도들은 예언자 마호메트와 관련된 몇몇 장소들을 거룩한 장소로 여긴다.

로마 제국

로마시로부터 부흥해 이탈리아반도와 지중해 전체를 지배했던 고대 서양 최대의 제국이다. 로마는 기원전 8세기 무렵부터 전설적 왕정기에 속하며, 기원전 510년부터 공화정기로, 옥타비

늑대의 젖을 먹고 자란 로마의 건국자 로물루스 형제를 나타낸 조각상 '카피톨리누스의 늑대'

아누스 이후는 제정기로 들어간다.

 안팎으로 전성기를 누리던 로마 제국은 말기에 게르만족과 페르시아의 침입으로 농촌 사회가 곤란해지고 도시와 상공업이 쇠퇴하면서 위기를 맞는다. 395년 결국 로마 제국은 동·서로 분열되어 서로마 제국은 476년에 멸망하고 비잔티움 제국(동로마 제국)은 1453년까지 존속했다.

 로마가 이룩한 지중해 세계의 통일은 세계 역사상 큰 의미를 갖는 것으로써 로마 제국은 후세에 인류 최대의 유산으로 꼽히는 법률을 비롯해, 건축, 철학, 문학 등 많은 분야에서 막대한 영

향을 끼쳤다.

베들레헴

팔레스타인 중부 고대 유다 왕국에 속한 도시이다. 예루살렘 남쪽으로 8킬로미터 떨어진 유대 구릉 지대에 있다. 복음서에 예수 그리스도가 탄생한 고장으로 기록되어 있다. 그리스도교 신학에서는 예수 그리스도가 이곳에서 태어남으로써 이스라엘을 다스릴 자가 베들레헴 에브라다에서 나올 것이라는 <구약성서>의 예언이 실현되었다고 믿어 왔다. 일부 신약 학자들은 복음서 내용 가운데 여러 부분이 뒤에 덧붙여진 것으로 믿고 있으며, 예수가 태어난 곳이 어린 시절의 고향 나사렛이라고 주장한다. 그러나 보통 그리스도교에서는 거의 2천 년 동안 베들레헴을 예수가 탄생한 성지로 인정하고 있다.

현재 베들레헴은 팔레스타인 위임 통치령(1923~1948년)에 속해 있다가 1948~1949년의 아랍-이스라엘 전쟁이 끝난 후 1950년 요르단에 합병되어 알쿠드스(예루살렘) 주에 편입되었다. 1967년 6일 전쟁 이후 웨스트 뱅크(유대와 사마리아) 지역에 속하게 되어 이스라엘의 통치를 받고 있다.

예수의 제자들

 그 후 서른 살이 될 때까지 예수가 무엇을 했는지는 확실치 않다. 그 사이에 요셉은 이미 세상을 떠났고 예수는 아버지의 뒤를 이어 목수일을 하며 나사렛에서 살았다.
 예수가 서른 살이 되었을 무렵, 유대인들 사이에는 이상한 소문이 퍼졌다. 나사렛에서 가까운 요르단강 기슭에 요한이라는 사람이 나타나 하느님의 말씀을 전하며 사람들에게 세례*를 주고 있다는 것이다.
 그는 낙타 가죽을 걸치고 허리에는 가죽띠를 둘렀으며,

메뚜기와 꿀만을 식량삼아 산다고 했다.

"회개하시오. 그러면 모든 죄를 용서받고 새로운 생활을 할 수 있을 것이오."

사람들은 이러한 요한의 말을 듣고 하나둘 자신의 죄를 뉘우친 다음 세례를 받았다.

"어쩌면 저 사람이 우리들이 그토록 기다리던 구세주일지도 모른다!"

어느덧 사람들 사이에 이런 소문이 꼬리를 물고 전해졌다. 그러나 이 소문을 들은 요한은 고개를 가로저었다.

"난 구세주가 아니오. 단지 당신들을 하느님에게로 인도하려 하오. 그러나 내 뒤에 오실 분은 나보다 훨씬 큰 능력을 지닌 진짜 구세주입니다. 그분은 나처럼 물이 아니라 성

세례

정식으로 그리스도교 신자가 되려는 사람에게 베푸는 의식의 한 가지이다. 예로부터 세례 의식이라고 하면 주로 침례식을 말하나, 오늘날 가톨릭교회와 대부분의 프로테스탄트 교회에서는 물을 머리에 적시거나 이마에 뿌리는 것으로 대신한다.

예수가 세례자 요한에게 세례를 받는 광경

령과 불로 세례를 줄 것이오."

그러던 어느 날 요르단강으로 예수가 찾아왔다.

"저에게도 세례를 베풀어 주십시오."

그러자 요한이 깜짝 놀라 뒤로 물러섰다.

"당신이야말로 제게 세례를 주어야 할 분이십니다."

"아니오. 나도 똑같은 하느님의 백성이니 세례를 주십시오."

그러고 나서 예수는 앞장서서 강물 속으로 들어갔다. 요한은 할 수 없이 예수에게 세례를 베풀었다.

그때, 하늘이 열리며 하느님의 성령이 비둘기 모양으로 내려와 예수의 어깨 위에 앉았다.

그리고 곧 이런 소리가 울려 퍼졌다.

"이는 내가 사랑하는 아들이요, 기뻐하는 아들이로다."

이 광경을 지켜본 요한은 예수가 바로 하느님의 아들이며 구세주임을 더욱 굳게 믿었다.

"여러분, 기뻐하십시오. 이분이야말로 구세주이십니다! 하느님의 아들이십니다!"

요한은 사람들에게 큰 소리로 말했다.

그러자 사람들은 일제히 예수를 향해 손을 모으며 '구세주!'라고 외쳐 댔다.

하지만 세례를 받은 예수는 요르단강을 떠나 광야로 갔다. 자신의 믿음을 시험받기 위해서였다.

예수는 40일 동안이나 아무것도 먹지 않고 기도만 해 점점 몸이 쇠약해졌다.

하루는 비틀거리며 걸어가고 있는데 발 아래에 맛있어 보이는 빵이 떨어져 있었다.

그러나 자세히 보니 그것은 돌멩이였다.

바로 그때, 악마가 예수를 찾아와서 말했다.

"네가 하느님의 아들인 구세주라고 했지? 그렇다면 네 눈앞에 있는 돌을 빵으로 만들어 먹어 보아라."

그러자 예수는 지그시 눈을 감은 채 말했다.

"사람은 빵으로만 사는 것이 아니라 하느님의 말씀으로 사는 것이다."

그러나 악마는 쉽게 물러서지 않았다.

예수가 40일 동안의 단식과 기도로 악마를 물리쳤던 광야의 사막 지대

이번에는 예수를 예루살렘 성전 꼭대기로 데리고 갔다.

"정말로 네가 하느님의 아들인 구세주라면 여기서 뛰어내려 보아라. 네가 갑자기 하늘에서 나타난다면 사람들이 더욱 놀라지 않겠느냐? 그리고 하느님이 천사를 시켜 보살펴 줄 텐데 무엇이 두려우냐!"

"그건 안 된다. 절대로 하느님을 시험할 수는 없다."

그러자 이번에는 악마가 예수를 산꼭대기로 데리고 가 손가락으로 발 아래의 넓은 세상을 가리키며 말했다.

"이봐! 네가 구세주라고? 난 믿을 수 없어. 어떠냐? 나를 따르지 않겠느냐? 나를 따른다면 너에게 저기 보이는 세상의 모든 것을 주겠다."

"악마야! 물러가라. 내가 섬길 분은 하느님 아버지 단 한 분뿐이니라."

악마는 끝내 예수를 이길 수 없음을 알았다.

"어이쿠! 40일이나 굶은 녀석이 벼락치는 소리를 내네. 분하다! 끝내 굴복시키지 못하다니……."

예수는 드디어 악마와의 싸움에서 승리했다. 천사들이 하늘에서 내려와 예수의 주위를 찬란한 빛으로 감쌌다.

악마의 꾐에 빠지지 않은 예수는 광야에서 나와 갈릴리 호수로 걸어갔다. 거기에는 마침 어부 두 사람이 그물을 던져 고기를 잡고 있었다.

그들은 베드로와 안드레였다.

안드레는 원래 요한의 제자였으므로 예수가 훌륭한 사람이며 구세주라는 것을 잘 알고 있었다.

또한 베드로도 이미 안드레로부터 예수가 하느님의 아들이라는 말을 듣고 있었다.

예수는 두 사람을 보더니 조용히 다가가서 말했다.

예수가 갈릴리 호수에서 베드로와 요한 등을 만나 제자로 맞아들이는 광경

"그 그물을 거두고 나를 따르라. 너희들은 지금까지 고기를 잡는 어부였지만, 이제부터는 사람들을 하느님 앞으로 인도하는 일을 해야 한다."

"네, 기쁜 마음으로 그렇게 하겠습니다."

베드로와 안드레는 그물을 거두고 예수의 뒤를 따라나섰다. 예수는 그들과 함께 길을 걷다가 역시 낚시를 하는 또 다른 사람들을 만났다. 그들은 세베대라는 어부의 아들로, 야고보와 그의 동생 요한이었다.

예수는 이 형제도 자기의 제자로 삼고 싶어 고기잡이하는 그들 앞으로 다가가서 말했다.

"너희들도 그물을 거두고 나를 따라오너라."

그러자 야고보와 요한 역시 아버지 세베대에게 작별 인사를 한 다음 예수의 뒤를 따랐다.

예수의 제자가 된 네 사람은 갈릴리 호수를 떠나 길을 걷다가 베드로의 친구를 만났다.

"어, 자네 빌립 아닌가?"

"오, 베드로! 자네가 웬일인가?"

베드로는 예수에게 친구인 빌립을 소개했다.

"벳새다 마을에 같이 사는 친구죠."

"이분은 우리의 구세주이시네."

"이분이 구세주라고?"

"그렇다네. 우리는 이분의 제자가 되었네."

"부디…… 저도 제자로 삼아 주십시오."

예수는 빌립의 청을 흔쾌히 들어주었다.

빌립은 기쁨에 겨워 가나라는 마을에 살고 있는 나다나엘을 찾아갔다. 나다나엘은 빌립의 친한 친구였다.

"나다나엘, 반가운 소식이 있네. 나는 조금 전에 우리가 그토록 기다리던 구세주를 만났어. 그분은 바로 나사렛에서 오신 예수라는 분이야."

"오, 우리의 구세주께서 이곳에 오시다니! 하지만 믿을 수가 없군."

"정 못 믿겠다면 자네가 가서 직접 만나 뵙게."

나다나엘은 속는 셈 치고 빌립을 따라 예수에게로 갔다. 예수는 그를 보자마자 차분한 목소리로 물었다.

"나다나엘, 자네는 빌립이 찾아가기 전에 무화과나무 아래에 있지 않았나?"

"아니, 그것을 어떻게 아십니까?"

"그만한 일로 뭘 그리 놀라느냐? 앞으로 너는 이보다 더 큰일들을 직접 보고 느끼게 될 것이다."

'오, 과연 빌립의 말이 맞구나. 이분이야말로 정녕 구세주이며 하느님의 아들이시다.'

나다나엘은 이렇게 마음속으로 생각하고는 예수를 따르기로 결심했다.

예수는 제자들을 데리고 나사렛의 집으로 돌아왔다.

어머니 마리아는 예수의 여윈 얼굴을 보자 가슴이 아팠다.

'역시 이 아이는 이런 데서 목수일을 할 그릇이 아니야! 걱정은 되지만 자기 생각대로 살게 할 수밖에 없어. 하느님이 지켜 주실 거야.'

예수가 제자들과 이야기하는 것을 옆에서 듣고 있던 마리아는 이렇게 생각했다.

예수가 나사렛에 온 지 사흘째 되는 날, 가나 마을에서는 결혼 잔치가 벌어졌다. 예수는 어머니 마리아와 함께 그 잔치에 초대되어 갔다. 제자들도 예수를 따라나섰다.

그런데 잔치가 성대하게 무르익어 갈 무렵 포도주가 떨어졌다. 일을 돕고 있던 마리아가 애를 태우며 예수에게 말했다.

"포도주가 다 떨어졌다는구나. 더 사 올 돈도 없는 모양인데 어떻게 하면 좋겠느냐?"

그러자 예수는 하인들을 불러 놓고 말했다.

"저기 있는 여섯 개의 항아리에 물을 가득 채우시오."

"포도주 항아리에 물은 왜 넣으라는 거지?"

하인들은 고개를 갸우뚱하며 항아리에 물을 채웠다.

"이제 항아리에 든 것을 손님들에게 가져다드리시오."

"지금 손님들은 포도주를 갖다 달라고 아우성치는데 물을 떠다 주라니요?"

"그 항아리에 든 것은 포도주요."

"아니, 저 사람이 농담을 하나?"

하인들은 이해할 수 없다는 표정이었다.

"어디 맛 좀 볼까? 와, 진짜 물이 포도주로 변했네."

"어디서 이런 맛있는 포도주를 구했을까? 히야, 맛이 아주 기가 막힌데……."

이것이 예수가 사람들에게 보여 준 첫 번째 기적이었다.

예수는 그다음에도 여러 곳을 두루 돌아다니며 기적을 행하는 한편, 하느님의 말씀을 전했다.

또한 예수는 그를 따르는 사람들 가운데 모두 열두 명의 제자를 갖게 되었다.

예수는 제자들을 데리고 자주 산에 올라갔다. 산마루의 넓고 평평한 곳에서 많은 사람들에게 하느님의 말씀을 전했다.

어느 날, 예수가 열두 제자들에게 말했다.

"너희들은 나의 제자라는 이유로 세상 사람들로부터 비난을 받을지도 모른다. 너희들은 소금이 되어야 한다. 소금은 짜지만, 모든 음식의 간을 맞춘다. 그러니 너희들도 소금처럼 세상 사람들의 마음에 사랑을 쏟아 하느님의 나라로 이끌어 주어야 한다. 또한 너희들은 세상의 빛이 되어 태양처럼 사람들을 비추어 주어야 한다. 물론 너희들이 그러한 행동을 할 때에는 언제나 착한 마음씨를 지녀야 한다. 더구나 남에게 보이기 위해 행동을 해서는 안 된다. 남에게 회개하라고 말하기 전에 자신이 먼저 모범을 보여야 한다."

열두 제자들은 예수의 크나큰 가르침을 마음속 깊이 새기면서 더욱더 하느님의 말씀을 전하는 데에 정성을 기울였다.

어디를 가나 예수를 구세주로 믿고 따르는 사람들이 나날이 늘어 갔다.

그런데 어느 날, 예수가 사람들에게 설교*를 할 때 어린

아이가 울음을 터뜨려 말소리가 잘 들리지 않게 되었다.

"이런 곳에 왜 어린아이를 데리고 왔어요? 다른 사람들에게 방해가 되니 빨리 아이를 안고 산에서 내려가요."

그러자 예수는 그 아이를 자신의 품에 안고 사람들에게 말했다.

"누가 이 아이를 탓하는 겁니까? 누구나 이 어린아이와 같이 되지 않고서는 결코 하느님의 나라에 갈 수 없습니다."

"아니, 그게 무슨 말씀입니까?"

"어린아이의 마음은 세상에서 가장 깨끗합니다. 그러므로 하느님의 나라에 들어가려면 바로 그러한 마음을 가져야 한다는 것입니다."

예수가 전하는 하느님의 말씀은 많은 사람들에게 감명을

설교

종교 사상을 말로써 전달하는 것. 이것은 더욱 직접적으로 신자들에게 호소할 수 있다는 의미에서 종교 전도에 없어서는 안 될 중요한 수단이다. 불교에서는 설경, 설법, 법담 등으로 불려 왔다.

예수가 많은 사람들을 모아 놓고 설교했던 갈릴리 호수

주었다. 그 중에서도 '산상수훈'*은 커다란 공감을 불러일
으켰다.

마음이 가난한 자에게 복이 있나니
천국이 그들의 것이니라.
마음이 착한 자에게 복이 있나니
그들은 땅을 이어받을지니라.
슬퍼하는 자에게 복이 있나니
그들은 위로를 받을 것이니라.
옳은 일에 굶주리고 목마른 자에게 복이 있나니
그들은 마음의 만족을 얻을 것이니라.

산상수훈

<신약성서>에 기록된 예수의 설교. 예수가 산 위에서 군중과 제자들에게 설교한 곳에서 이러한 명칭이 생겼다. 산상 수훈은 <마태복음> 전체의 구성에서 중요한 위치를 차지한다.

예수가 처음으로 설교했던 가버나움 유적지

예수는 언제나 사랑의 실천과 희생이 갖는 아름다움을 사람들에게 말했다.

"여러분은 모두 친구를 사랑하고 적을 미워할 것입니다. 하지만 여러분, 앞으로는 적도 사랑하십시오. 여러분을 미워하고 괴롭히는 사람들을 위해 기도하십시오. 누가 오른쪽 뺨을 때리면 왼쪽 뺨도 내주십시오. 그리고 늘 착하게 살도록 노력하십시오. 건강한 나무라야 풍성한 열매를 맺습니다."

사람들은 모두 예수의 가르침에 귀를 기울였다.

"원수를 사랑하라!"

예수는 사람들에게 원수를 사랑하라고 가르쳤다.

"우리의 원수라면 로마인들인데……. 뭐야? 원수를 사랑하라고? 어떻게 원수를 사랑하지?"

"원수를 사랑하라. 이 얼마나 위대한 가르침인가!"

예수는 또 이렇게도 말했다.

"여러분은 무엇을 먹고 마시며 입을까에 대해 너무 걱정하지 마십시오. 목숨이 음식보다 소중하지 않습니까? 또 몸이 옷보다 소중하지 않습니까? 새들을 보십시오. 그들은 씨를 뿌리거나, 거두거나, 곳간에 쌓아 두지 않아도 하늘에 계신 여러분의 아버지께서 먹여 주십니다. 여러분은 그런 새들보다 훨씬 귀하지 않습니까? 여러분 가운데 누가 아무리 걱정한들 목숨을 한 시간이나마 더 늘릴 수 있겠습니까? 여러분, 이번에는 들에 핀 화사한 백합꽃을 보십시오. 그들은 애써 자신이 입을 것을 마련하기 위해 수고하지 않고 길쌈도 안 합니다. 그러나 온갖 영화를 누린 솔로몬도 그 꽃 한 송이만큼 화려하게 차려입지는 못했습니다. 그러므로 무엇을 먹을까, 무엇을 마실까, 또 무엇을 입을까 하고 걱정하지 마십시오. 그런 것들은 속되고 어리석은 사람들이 찾는 것입니다. 하늘에 계신 아버지께서는 이 모든 것이 여러분에게 필요하다는 것을 잘 알고 계십니다. 그러니 여러분들은 먼저 하느님의 나라와 하느님께서 의롭게 여기시는 것을 구하십시오. 그러면 다른 모든 것도 아울러 갖게 될 것입니다. 내일 일은 걱정하지 마십시오. 내일의 걱정은 내일에 맡기십시오. 하루의 괴로움은 그날 겪는 것만으로도 충분합니다. 여러분, 이제 조금도 두려워하지 마십시오."

이러한 예수의 가르침은 나날이 퍼져 나가 온 갈릴리가 그 소문으로 들끓는 듯했다.

'될 수 있는 대로 여러 고장에 다니며 사람들과 이야기를 나누도록 하자. 하느님의 말씀을 많은 사람들에게 전하는 것이 내 임무니까.'

예수는 마음 속으로 이렇게 다짐했다.

그 무렵, 어디를 가나 예수가 설교를 시작하면 수많은 사람들이 몰려들어 귀를 기울였다.

예수는 이제 나사렛을 찾아가야겠다고 마음먹었다.

나사렛에 예수가 모습을 나타내자, 마을 사람들은 법석을 떨며 그를 맞이했다.

예수가 나사렛에 살고 있을 때는 아무도 그를 훌륭한 인물로 생각하는 사람이 없었다. 그러나 이제 예수에 대한 소문은 나사렛에까지 전해져 있었다.

안식일 날 아침, 예수는 나사렛에 나타났다.

예수가 제자들과 함께 전도하고 십자가에 못 박혀 죽은 성지 예루살렘 전경

"우리 나사렛에 예수가 왔대."

"예수? 어디서 많이 들어 본 이름인데……."

예수는 눈앞에 늘어서서 자신을 바라보고 있는 낯익은 얼굴들을 쭉 둘러보았다.

"오늘 여러분은 이 성서에 씌어 있는 대로 하느님의 역사가 이루어진다는 사실을 직접 눈으로 확인하실 것입니다."

"그렇다면 저 친구가 구세주란 말인가?"

"무슨 소리야? 저 사람은 목수의 아들 예수잖아……."

"흥! 말도 안 돼!"

"쳇! 목수의 아들 주제에 구세주라니."

"예수 따위가 구세주라면 어떻게 로마 사람들을 몰아낸단 말인가? 진짜 구세주는 장군 같은 사람일 거야."

나사렛 사람들은 이렇게 수군거렸다.

역사 속으로

열두 제자

예수의 제자 열두 명을 가리킨다. 성경에는 예수가 밤새워 기도한 후 날이 새자 제자들을 불러 그들 가운데 열둘을 뽑았다고 한다. 그들을 사도라고도 부르는데 베드로라고 이름을 지어 준 시몬, 그의 동생 안드레, 야고보, 요한, 빌립, 바돌로매, 마태, 도마, 알패오의 아들 야고보, 열혈 당원이라고 불리는 시몬, 야고보의 아들 유다, 또 배신자가 된 가룟 유다 등을 말한다.

대표적인 제자로는 예수를 세 번 부정한 베드로, 예수에게 가

베드로(왼쪽)와 바울(오른쪽)

장 사랑받았던 요한, 디디모라 불리며, 예수가 죽음으로부터 다시 살아난 것을 직접 확인하고 승복한 도마 등이 있다.

솔로몬왕

고대 이스라엘 왕국 제3대 왕이다. 예루살렘에서 출생했으며 이름은 '평화로 충만하다'는 뜻이다. 부왕 다윗의 명으로 후계자가 되었다. 지혜가 뛰어난 왕으로 알려졌으며, 그의 삶과 언행은 <구약성서> 가운데 '아가', '잠언' 등의 지혜 문학이 만들어진 바탕이 되기도 했다. 또 갓난아이 소유 문제로 다툰 두 여인을 명쾌히 재판한 전설은 그의 지혜를 증명한다.

즉위 뒤에 반대파를 억압하는 한편 대외 평화에 힘써 왕국의 절정기를 구축하여 후세에 '솔로몬의 영화'로 칭송을 받았으며, 그것이 예수 그리스도 시대 사람들의 기억 속에도 남아 있었다는 것이 '마태복음 6장'에 의해 널리 알려져 있다.

종교적으로는 페니키아로부터 자재와 기술을 들여와 정교하고 치밀하게 공을 들인 여호와의 신전을 예루살렘에 건설하여

'언약의 궤'를 안치하고, 민심을 한곳으로 모으는 성역을 확립했다.

정치적으로는 종래의 부족제를 무시하고 12개의 행정 구역을 설치, 장관을 파견하여 징세와 부역 사무를 맡게 했다. 군사적 측면에서는 이집트로부터 말과 전차를 도입하고 상비군을 두었는데, 이는 실전보다는 국력을 과시하기 위한 것이었다.

솔로몬왕의 성전에 관한 내용이 적힌 돌판

시바 여왕의 마음을 사로잡았다는 화려한 궁전, 하렘의 생활과 함께 미술·문학·음악도 발달했지만, 반면 징병·징세·강제 노동 등으로 인한 백성의 피폐는 왕의 사후 왕국이 남북으로 분열되는 원인이 되었다.

바리새파 사람들

나사렛과는 달리 다른 고장에서는 예수를 아주 소중하고 훌륭한 구세주로 믿으며 그의 가르침을 받고 싶어 했다.

예수는 열심히 하느님의 말씀을 전하는 동시에 병으로 고생하는 사람이 있을 때는 그 병을 고쳐 주기도 했다.

하루는 어느 집에서 한창 설교하고 있을 때였다. 네 명의 사나이가 중풍에 걸린 사람을 들것에 뉘어서 데리고 왔다.

하지만 예수가 설교하는 집 주위에는 사람들이 엄청나게 모여 있어 그 틈을 비집고 들어갈 수가 없었다.

"어떻게 하면 좋을까? 사람들이 이렇게 많으니 들어갈 수가 있어야지."

네 사람은 들것을 땅바닥에 내려놓고 곰곰이 생각해 보았다. 잠시 후, 한 사람이 입을 열었다.

"저 많은 사람들 틈으로 들것을 들고 가기는 어려우니까 지붕으로 올라가서 들어갑시다."

"그것참 좋은 생각이오."

그리하여 네 사람은 곧장 지붕 위로 올라가 집 안으로 들것을 조심스럽게 옮기기 시작했다.

설교를 듣고 있던 사람들은 그들이 하는 일을 호기심 어린 눈으로 지켜보았다.

이윽고 환자를 뉘어 놓은 들것이 예수 앞에 다다랐다.

예수는 그 광경을 조용히 지켜보며 그들의 정성과 깊은 믿음에 감동했다.

예수는 중풍 환자 앞으로 다가가서 말했다.

"당신의 죄는 이미 용서받았소."

이 말을 듣고 깜짝 놀란 율법 학자들과 바리새인들은 수

군거리기 시작했다.

"아니, 하느님 말고 누가 감히 사람들의 죄를 용서할 수 있단 말인가?"

그러나 예수는 진지한 음성으로 말했다.

"두려워 말라! 당신들이 진정으로 하느님을 믿는다면, 모든 것이 소원대로 이루어지리라. 자, 일어나라! 이제 당신의 두 발로 힘차게 땅을 딛고 걸어라!"

순간, 누워 있던 사람이 일어났다.

"와, 기적이다, 기적!"

"하느님, 감사합니다. 감사합니다, 하느님!"

중풍 환자는 손을 모으고 감사한다는 말을 계속했다.

"중풍 환자가 순식간에 일어나다니 정말 신기하다."

예수가 행한 기적은 그뿐이 아니었다. 때로는 장님의 눈을 뜨게 하고 앉은뱅이를 일어서게 하는 등 병으로 고생하는 사람들에게 기쁨을 주었다.

"예수는 역시 하느님의 아들이요, 구세주다. 그분이 하느님의 아들이 아니라면 어떻게 장님의 눈을 뜨게 하고 앉은

뱅이를 일어서게 하며, 중풍을 씻은 듯이 고칠 수 있단 말인가?"

그러나 많은 사람들이 예수를 존경하면 할수록 마음속으로 못마땅하게 생각하는 사람들이 있었다.

그들은 바로 바리새인들이었다. 바리새인들은 예수가 하는 말과 행동이 모두 못마땅했다.

안식일에 대해서도 예수와 바리새인들은 서로 생각이 달랐다.

바리새인들은 안식일을 쉬는 날이라 하여 해서는 안 될 일을 서른아홉 가지나 정하고 있었다.

그런데 이 규칙 가운데는 아주 우스꽝스러운 것들이 있었다. 이를테면 바리새인들은 의자에 앉으려고 먼지가 쌓인 마루 위로 의자를 끌고 가면, 그것은 밭을 가는 것과 마찬가지 일이라고 했다.

밭을 가는 것은 안식일에 해서는 안 될 일이며, 그러면 죄가 된다는 것이었다. 또한 안식일에는 불도 피우지 못하게 했다.

하지만 예수는 이러한 규칙이 성서에 씌어 있는 '안식일을 잊지 말고 엄숙히 지내도록 해야 한다.'라는 말과 뜻이 전혀 다르다고 생각했다. 그러한 것이 하느님을 공경하는 일과는 거리가 멀다고 여겼기 때문이다.

어느 날, 바리새인들이 예수에게 음식을 대접할 때였다.

죄가 있는 한 여자가 예수에게 다가오더니 예수의 발에 입을 맞추고 기름을 발라 주었다.

'으응? 품행이 단정치 못한 여자가 웬일로?'

유대인들은 자기가 존경하는 사람에게 향기 나는 기름을 바치는 관습이 있었다.

'아니, 발에다 입을 맞추고 기름까지 바르다니! 저 여인이 죄가 많다는 것은 예수도 알고 있을 텐데 왜 가만히 있을까?'

그러나 예수는 바리새인들의 마음마저 눈치채고 베드로에게 물었다.

"베드로, 1천 데나리를 빚진 사람과 50데나리를 빚진 사람이 있다고 치자. 한데 돈을 빌려준 사람이 빚을 갚지 않아도 된다고 한다면 두 사람 중 누가 더 좋아하겠느냐?"

그러자 베드로가 주저 없이 대답했다.

"그 질문은 너무 쉽군요. 당연히 1천 데나리를 빚진 사람이 더 좋아하겠지요."

"그래, 그러니 이 여인도 자신이 지은 죄만큼 더욱더 나를 사랑하지 않겠느냐?"

그리고 나서 예수는 그 죄 많은 여인에게 말했다.

"여인이여, 당신의 죄는 이제 모두 용서받았소. 그러니 앞으로는 착하고 정직하게 사시오."

이 말에 여인은 예수 앞에 무릎을 꿇고 앉아 눈물을 흘리며 감격해했다.

하지만 바리새인들은 짐짓 예수가 들으라는 듯이 속삭였다.

"뭐, 모든 죄를 용서한다고? 하느님 같은 소리를 하는군."

어느 날, 예수는 갈릴리 호수를 건너 작은 산에 올라갔다. 그리고 거기서도 자기 말을 듣기 위해 모인 많은 사람들에게 여러 가지 이야기를 들려주었다.

한참 동안 하느님의 말씀을 전하다 보니 어느덧 날이 저물기 시작했다.

제자들은 많은 사람들의 저녁 식사를 준비할 일이 걱정스러웠다.

"주님, 시간이 늦었습니다. 그러니 이만 사람들을 돌려보내 저녁을 먹도록 하는 것이 좋겠습니다."

그러나 예수는 손을 내저으며 말했다.

"아니다, 그렇게 하지 않아도 된다. 너희들이 직접 저 사람들에게 음식을 나누어 주도록 하여라."

이 말을 들은 제자들은 어리둥절해졌다.

"주님, 우리에겐 빵 몇 개와 작은 물고기 두 마리가 있을 뿐입니다. 저렇게 사람들이 많아서는······."

그러자 예수는 사람들을 앉게 한 뒤 빵과 물고기를 들고 하늘로 감사의 기도를 올렸다. 그러고 나서 그것을 작게 잘라 제자들에게 건네주었고, 제자들은 예수의 말에 따라 다시 사람들에게 나눠 주었다.

그런데 또다시 기적이 일어났다. 겨우 몇 개의 빵과 두

마리의 물고기로 1천여 명의 사람들이 충분히 저녁 식사를 한 것이다. 게다가 남은 음식을 모았더니 열두 광주리나 되었다.

저녁 식사를 마치고 나서 예수는 제자들을 먼저 작은 배에 태워 호수 건너편으로 보냈다.

그리고 홀로 남아 기도를 올리기 시작했다.

제자들은 금방 뒤따라오겠다고 한 예수가 보이지 않았으므로 내심 걱정이 되었다.

그런데 새벽녘쯤 바람이 불고 물살이 점점 거세지더니, 마치 땅 위를 걷는 것처럼 호수 위를 걸어서 오고 있는 한 사람이 눈에 들어왔다.

그것을 본 예수의 제자들은 벌벌 떨며 비명을 질렀다. 그런데 그는 바로 예수였다.

"제자들아, 겁내지 마라."

"오, 주여! 당신이었군요. 저에게도 물 위를 걸을 수 있는 기적을 일으켜 주십시오."

"베드로, 이리 오너라."

예수가 물 위를 걸어간 것으로 성서에 기록된 갈릴리 호수

 예수가 말을 마치자마자 베드로는 곧 물 위를 걸어갔다. 그러나 얼마 못 가 성난 물살과 거센 바람 소리에 정신이 아찔해져서 물속에 가라앉기 시작했다.

 "베드로! 내 손을 잡아라."

 예수는 베드로를 향해 손을 내밀었다. 순간, 바람과 파도도 잠잠해지면서 다시 평온해졌다.

 그 후에도 어디를 가나 예수의 가르침을 듣고자 수많은 사람들이 몰려왔다.

 예수는 하느님의 말씀을 좀 더 효과적으로 전하기 위해 열두 제자들을 두 사람씩 조를 나누어 여러 곳에 보냈다.

겟세마네 동산과 올리브 산이 있는 예루살렘 경관

 그리고 제자들에게 장차 예루살렘으로 돌아가야 한다고 말했다. 또한 예루살렘에서 겪게 될 여러 가지 어려운 일과 자신이 죽게 된다는 사실도 알려 주었다.
 "나는 죽은 지 사흘 만에 부활하여 하느님의 나라로 올라갈 것이다. 그곳에서 하느님이 세상의 죄인들을 용서하시도록 열심히 기도하겠다."
 예수는 앞으로 자신에게 일어날 일들을 눈앞에 펼쳐진 것처럼 훤히 알고 있었다.
 제자들은 그런 예수를 놀란 눈빛으로 바라보았다.

역사 속으로

십계명

하느님이 시나이산에서 모세를 통해 이스라엘 백성에게 내려 준 10개 조항의 계율을 일컫는다. 2장의 석판에 새겨져 있었다고 하며 '모세의 십계'라고도 한다. 전문에 '나는 너를 이집트 땅 종이 되었던 집에서 인도하여 낸 너의 하느님 여호와로다.'라고 기록되어 있으며, 이 계율이 하느님의 택함을 받고 이미 구원함을 얻은 공동체에 대한 지침이라는 것이 명시되어 있다.

'너는 나 외에는 다른 신들을 섬기지 말지니라.'라고 하여 유일신에 대한 신앙을 요구하는 첫째 계명, 우상 숭배를 금하는 둘째 계명, 하느님의 이름을 망령되게 일컫는 것을 금하는 셋째 계명 등은 다신교적인 고대 여러 종교 가운데 그 유례를 찾아볼 수 없는 것이다. 이어 안식일, 부모의 공경, 살인·간음·도적질·거짓 증거·탐욕 등의 내용이 들어 있다.

누룩

술의 원료로, 곡류에 누룩곰팡이를 번식시켜 만든다. 중국 춘추 전국 시대에 처음 만들어졌다고 전해지며 우리나라에서는

삼국 시대에 있었던 것으로 추측된다. 누룩은 재료에 따라 밀가루로 만드는 누룩, 쌀과 녹두로 만드는 누룩, 가을보리로 만드는 누룩, 쌀가루로 만드는 누룩 등이 있다.

만드는 법은 분쇄한 밀이나 쌀·녹두즙 등을 반죽하여 헝겊·짚·풀잎 등에 싸서 발로 밟거나 누룩 틀에 넣어서 밟는다. 이것을 누룩 방이나 온돌 또는 헛간에 적당히 늘어놓고 짚이나 쑥으로 덮은 뒤, 썩지 않게 골고루 뒤집으며 누룩곰팡이가 뜨기를 기다리는데, 짧게는 1주일, 길게는 40일 이상이 걸린다.

그리스

공식 이름은 그리스 공화국이다. 발칸 반도의 최남단을 차지하고 있는 국가로 수도는 아테네이다. 북쪽 국경을 따라 서쪽으로부터 동쪽으로 알바니아·마케도니아·불가리아가 있으며 동쪽에 터키가 있다. 반도인 그리스 본토는 남서쪽은 이오니아해, 남쪽은 지중해, 동쪽은 에게해가 둘러싸고 있다. 지중해에 이 나라 최대의 섬인 크레타(크리티)가 동쪽에서 서쪽으로 약 266킬로미터 뻗어 있으며 섬과 반도 사이에는 크레타 해가 있다.

크레타 문명을 꽃피운 크노소스 궁전의 옥좌

기원전 750년경 도시 국가들이 모여 이루어진 그리스 고전 시대가 시작되었다. 이 도시 국가들은 해상 무역에 깊이 관계하고 또 예술·문학·정치·철학 등을 발전시켰다. 이 뛰어난 문명은 기원전 5세기에 페르시아 인들의 침략을 물리친 후 절정에 달했으나 내전인 펠로폰네소스 전쟁(기원전 431~404)을 치른 후 쇠퇴하기 시작했다. 그 후 이 문명은 기원전 338년에 마케도니아의 필리포스 2세가 그리스 도시 국가들을 정복하고, 필리포스의 아들 알렉산더 대왕이 거대한 마케도니아 제국 전역에 이 문명을 전파함으로써 불멸의 생명을 누리게 되었다.

돌아온 방탕한 아들

며칠 후 예수는 세 사람의 제자만 데리고 산으로 올라갔다. 그 세 사람의 제자란 베드로와 야고보, 그리고 요한이었다.

예수가 한창 제자들과 이야기를 나누고 있을 때, 갑자기 예수의 얼굴이 밝게 빛나기 시작했다. 입고 있던 흰옷의 빛도 마치 천사의 모습처럼 보였다.

그때 구름이 밀려오더니 하느님의 음성이 들렸다.

"예수의 제자들아, 너희들은 바뀐 구세주의 모습을 똑바로 보아라. 그는 분명 내가 사랑하는 아들이니 그를 잘 따르고 나를 믿듯이 그를 믿어야 하느니라!"

세 제자는 갑자기 들려온 하느님의 목소리에 겁이 나 무릎을 꿇은 채 고개도 들지 못했다.

이 일을 '구세주의 변모'라고 하는데 즉 모습을 바꾸었다는 뜻이다.

한참 만에야 예수와 세 제자는 산에서 내려왔다.

예수는 제자들에게 자주 다음과 같이 말했다.

"부자가 하늘나라에 들어가는 것은 낙타가 바늘구멍을 통과하기보다 더 어렵다."

그때, 한 율법 학자가 나타나 예수에게 물었다.

"구세주여, 그렇다면 죽은 후에 하느님의 나라에 가기 위해서는 어떻게 해야 합니까?"

그러자 예수가 대답했다.

"모든 계명 가운데 첫 번째는, 하느님은 세상에 단 한 분뿐이라는 사실을 명심하라는 것입니다. 두 번째는 자신을 사랑하는 것처럼 이웃을 사랑하라는 것입니다."

구약성서의 주요 무대였던 요르단의 모아브 골짜기

어느 날 예수는 요르단강 근처에 있는 여리고 마을에 갔다.

"악질 세금쟁이 삭개오 아니야? 저 땅딸보가 웬일이지?"

"나도 구세주를 만나러 온 것이오."

"안 돼! 너 같은 악질은 썩 꺼져!"

쫓겨난 삭개오는 다른 방법을 썼다.

"이렇게 멀리서는 예수님을 잘 볼 수가 없는걸……. 옳지! 높은 나무에 올라가서 보면 되겠다."

길을 가던 예수가 마침 그것을 보았다.

"삭개오야, 나무에서 그만 내려오너라. 오늘은 네 집에서

예루살렘 구시가지의 금색으로 빛나는 바위의 돔

묵도록 하겠다."

그러자 삭개오의 눈에서는 기쁨의 눈물이 흘러내렸다.

옆에서 이것을 지켜본 사람들이 수군거렸다.

"주님이 삭개오와 같은 죄인의 집으로 가시다니! 도대체 왜 그러시는 걸까?"

"정말 이해할 수가 없군. 삭개오는 우리의 돈을 마구 뜯어 가는 죄인인데 말이야."

이 말을 들은 예수는 어째서 자기가 삭개오와 같은 사람을 가까이하는지, 다음과 같은 비유로 제자들에게 설명해 주었다.

"어떤 사람에게 두 아들이 있었다. 어느 날 작은아들이 '아버지, 저에게 물려주실 재산을 지금 주십시오.'라고 말했다. 그래서 아버지는 그 아들에게 재산을 나누어 주었다. 며칠 후, 작은아들은 자기 몫의 재산을 챙겨서 먼 나라로 떠나 버렸다. 그러나 돈을 너무 흥청망청 써 버려 얼마 안 가 빈털터리가 되었다. 작은아들은 어쩔 수 없이 한 농부 집에서 돼지에게 먹이를 주는 일을 맡아보게 되었다. 그제야 갖은 고생과 굶주림에 지친 작은아들은 자신의 잘못을 깨닫고 아버지에게 돌아가기로 결심했다. 그는 '아버지, 저는 하느님과 아버지께 너무나 큰 잘못을 저질렀습니다. 그러므로 이제는 아버지의 아들이라고 불릴 자격도 없습니다. 제발 하인으로라도 써 주십시오.'라고 말하며 사죄할 작정이었다. 작은아들은 곧 고향으로 돌아왔다. 집에 채 이르기도 전에 아들이 돌아오는 것을 멀리서 본 아버지는 얼른 달려가 꼭 껴안고 기쁨의 눈물을 흘렸다. 아들은 부끄러움에 고개도 들지 못한 채 말했다. '아버지, 저는 죄인입니다. 더 이상 아버지의 아들이 될 자격조차 없습니다.' 그러자 아버지는 하인을 불러 말했다. '집에 있는 제일 좋은 옷과 신발을 가져오너라. 내 아들에게 입혀야겠다. 그리고 손에는 반지를 끼워 주어라. 송아지를 잡아 잔치도 벌이자. 집 나갔던 아들이 이렇게 무사히 돌아왔다.' 그때 큰아들은 밭에 나가서 일을 하고 있었는데, 집에 돌아와 보니 노래와 춤이 한창이었다. 그는 하인을 불러 물었다. '대체 어떻게 된 일이냐?' 하인들은 동생이 돌아왔다고 말했다. 이 말을 들은 큰아들은 화가 나서 집에 들어가려고도 하지 않았다. 아버지가 나와서 달래며 어서 들어가 함께 축하하자고 말했지만, 큰아들은 막무가내였다. '이제까지 저는 줄곧 집에 있으면서 아버지의 일을 도왔습니다. 그런데 아버지는 저를 위해서 단 한 번도 잔치를 베풀어 준 일이 없었습니다. 동생은 사치와 낭비로 재산을 날리고 돌아온 녀석입니다. 한데 저렇게까지 해 주실 필요가 있습니까?' 그러자 아버지는 조용히 말했다. '애야, 너는 언제나 나와 함께 있으니, 나의 것은 모두 너의 것이다. 그러나 네 동생은 잃었다가 다시 찾은 아들이니 어찌 기뻐하지 않을 수 있겠느냐!'

그러고 나서 아버지는 큰아들의 어깨를 감싸 주었다."

예수는 이렇게 나쁜 일을 하거나 하느님을 잊어버린 사람이라도 자기가 저지른 잘못을 뉘우치면 용서받을 수 있다고 말했다. 언제든 돌아오기만 하면, 하느님은 기쁘게 맞이하여 사랑해 준다는 것을 가르치려고 했다.

어느 날, 호숫가에 앉아 있는 예수를 보고 수많은 사람들이 몰려왔다.

예수는 그 사람들에게 하느님의 나라에 관한 여러 가지 이야기를 해 주었다.

그러나 가르침을 받아도 그것을 제대로 이해하는 사람은 그다지 많지 않았다.

한때 마음이 끌려 예수의 설교를 듣기 시작한 많은 사람들도 얼마 안 가 싫증을 내기가 일쑤였다.

예수는 하느님의 말씀을 전하면서 자주 비유를 들어가며 설명했다.

"여러분, 한 농부가 씨앗을 뿌렸습니다. 한데 어떤 씨앗은 길바닥에 떨어졌기 때문에 새들이 와서 쪼아 먹었습니다. 어떤 씨앗은 흙이 많지 않은 돌밭에 떨어져 싹은 곧 나왔지만 뿌리를 내릴 수가 없었습니다. 또 어떤 씨앗은 가시나무 아래에 떨어졌기 때문에 덤불에 파묻혀 자라지 못했습니다. 그러나 여러분, 기름진 땅에 떨어진 씨앗은 잘 자라나서 이윽고 무수히 많은 열매를 맺었습니다."

"무슨 뜻인지 잘 모르겠네."

"씨앗은 하느님의 말씀이다."

"예수님! 그 말씀의 속뜻을 가르쳐 주십시오."

"하늘나라에 관한 말씀을 듣고도 믿지 않는 사람은 길바닥에 떨어진 씨앗과 똑같은 것이다. 그런 씨앗은 악한 자가 와서 빼앗아 가버린다. 잠시 믿다가 조금만 고통스러워도 잊어버리는 사람은 돌멩이가 많은 땅에 떨어진 씨앗과도

가시나무

백가시나무·참가시나무·홍가시나무라고도 한다. 암수한그루로 봄에 누런 갈색 꽃이 피고 열매는 식용하며 도토리와 비슷한 모양이다. 재목은 여러 가지 가구재, 땔감 따위로 쓰며, 우리나라의 제주도·진도·중국·일본 등지에 분포한다.

가시나무의 열매

같은 것이다. 또 말씀을 듣고 기뻐하며 받아들여도 그 마음 속에 뿌리를 내리지 못하면 오래가지 못한다. 가시덤불 속의 씨앗이란 온갖 유혹 때문에 열매를 맺지 못하는 사람을 말한다. 그와 달리 기름진 땅에 떨어진 씨앗이란 하느님의 말씀을 잘 듣고 깊이 깨달은 사람을 일컫는 것이다. 그런 사람은 장차 튼튼한 열매를 맺을 것이다. 하느님의 말씀은 처음에는 작은 겨자씨와 같지만, 그 놀라운 힘으로 어느새 크게 번성하게 된다. 또한 하느님의 나라는 누룩과 같아 언젠가는 세계를 부풀어 오르게 할 것이다. 나는 지금 비유를 들어 말하지만 적당한 때가 되면 모든 사람들이 알 수 있도록 이야기할 것이다."

예수는 제자들을 거느리고 갈릴리 호수의 북쪽에 위치한 가이사랴 빌립보 지방으로 갔다.

그곳에는 그리스인들이 자신들이 믿는 여러 신을 모실 커다란 성전을 짓고 있었다.

"나에 대해 세상에서 뭐라고 말하고 있느냐?"

예수가 제자들에게 물었다.

"세례자 요한이 다시 태어났다고 합니다."

"위대한 예언자이신 엘리야를 대신해서 태어나셨다고 합니다."

"예언자 예레미야가 이 세상에 다시 오신 것이라고 말합니다."

제자들은 제각기 자기가 들은 바를 이야기했다.

"그럼, 너희들은 내가 대체 누구라고 생각하느냐?"

예수의 갑작스러운 물음에 모두 선뜻 대답을 못 한 채 망설이고 있는데 베드로가 말했다.

"하느님의 아들인 구세주이십니다."

"그래. 네 말이 맞다, 베드로."

예수는 베드로의 손목을 살며시 쥐었다.

"네가 그렇게 믿고 있으니 기쁘기 그지없구나. 전에도 말했듯이 나는 머지않아 예루살렘으로 갈 것이다."

"주님, 예루살렘에는 많은 적들이 있습니다."

"하지만 반드시 가야 한다. 나는 예루살렘에서 그 적들의 손에 죽게 될 것이다."

"아니, 설마 그런 일이!"

"베드로, 이미 하느님께 바친 몸이니 죽는 것쯤은 문제가 되지 않는다. 오히려 기쁘지 않겠느냐? 그러니 너희들도 나를 따라오려면 목숨을 아껴서는 안 된다."

예수의 제자들은 모두 이 말을 명심했다.

유월절이 가까워질 무렵, 예수와 열두 제자들은 갈릴리에서 요르단강을 끼고 남쪽으로 내려갔다.

며칠 만에 베다니에 도착한 예수는 그곳에서 묵기로 했다. 그 고장은 예수가 나사로라는 사람을 살려 준 곳이기도 했다.

그 당시 나사로는 이미 죽어 나흘 동안이나 무덤에 있었다.

그의 누이인 마르다가 예수에게 달려와 말했다.

"주님께서 여기 계셨더라면 나사로는 죽지 않았을 것입니다."

그러자 예수가 말했다.

"나는 부활이요, 생명이니, 나를 믿는 자는 영원히 죽지 아니할 것입니다. 내 말을 믿습니까?"

"네, 믿습니다. 주님은 구세주요, 세상에 오신 하느님의 아들인 것을 믿습니다."

"그렇다면 나와 함께 나사로의 무덤으로 가 봅시다."

나사로의 누이가 예수를 무덤으로 안내했다.

"주님, 여기가 나사로의 무덤입니다."

그러자 예수가 나사로를 불렀다.

"나사로여! 밖으로 나오너라."

그런데 정말로 나사로가 무덤 밖으로 걸어 나왔다.

"오, 주여! 감사합니다."

예수는 바로 그 나사로의 집에서 묵게 되었다.

곧 예수를 위한 저녁 식사가 마련되었고, 나사로의 동생인 마리아는 아주 값비싼 향유를 가지고 들어왔다.

마리아는 그 향유를 예수의 발에 바른 다음 자신의 머리카락으로 닦아 주었다.

그것을 보고 제자 중 한 사람인 가롯 유다는 향유와 같은 값비싼 물건을 함부로 쓰는 것은 옳지 않은 일이라며 몹시

예수가 죽은 나사로를 다시 살려 내는 장면

화를 냈다.

"당신은 어째서 이렇듯 값비싼 향유를 낭비하는 거요? 이 향유를 팔면 그 돈으로 가난한 사람들을 도울 수 있지 않겠소?"

유다가 이렇게 불평하는 것을 듣고 예수는 조용히 타일렀다.

"유다여, 괜찮다. 이 여인은 좋은 일을 한 것이다. 우리의 관습으로는 자기가 사랑하는 사람이 죽었을 때 그 사람의 몸에 향유를 뿌리지 않느냐? 결국 마리아는 내가 죽기 전부터 장사 지낼 준비를 해 준 셈이다. 분명히 말하건대, 마

예수가 예루살렘에 입성했을 때 지나갔던 황금의 문

리아는 오늘 나에게 베풀어 준 이 친절로 그 이름이 온 세상 사람들의 기억에 영원히 남게 될 것이다."

유다는 단지 마음씨 착한 마리아가 예수의 발에 부은 그 향유가 아까웠다.

이렇듯 예수의 마음을 누구보다도 잘 알아야 할 제자들이 이따금 꾸중 들을 말을 하곤 했다.

예수는 두 제자를 불렀다.

"이제 때가 되었다. 나는 곧 예루살렘으로 떠날 것이니 너희들은 저 마을로 가 보아라. 그곳에 가면 아직 사람을 태운 일이 없는 새끼 나귀 한 마리가 묶여 있을 것이다. 그것을 끌고 오너라. 만약 주인이 뭐라고 하거든 내가 쓴다고 말하여라."

두 제자가 마을에 이르자 과연 나귀가 묶여 있었다.

제자들은 예수의 분부대로 그것을 끌고 왔다. 그리고 자신들의 옷을 벗어 나귀의 등에 깔았다.

예수가 초라한 새끼 나귀를 타고 예루살렘에 도착하자 수많은 사람들이 그를 찬양했다.

"호산나*, 다윗의 자손이여! 주님의 이름으로 오시는 당신에게 축복 있으라."

예수는 예루살렘에 입성한 다음 날 성전에 들어갔다.

거대한 성전 안은 예수가 어려서 보았을 때와 마찬가지로 대제사장들이 감싸 주고 보호하는 장사꾼들이 예배 용

호산나

유대교와 기독교에서 쓰는 용어로 '간구하오니 우리를 구하여 주소서.'라는 뜻의 하느님을 찬양하는 말이며 <신약성서>에 나온다.

예수가 죽은 나사로를 살려 냈던 베다니 마을

품을 비싸게 팔고 사람들은 시끄럽게 우글거렸다.

　예수는 그 광경을 보고 장사꾼들과 환전상들을 다 내쫓았다. 자신이 그토록 하느님의 말씀을 전하고 다녔는데도 아직 깨닫지 못하는 사람들이 너무나 많았다.

　더구나 성전은 여러 사람이 기도를 드리는 곳이므로 깨끗하고 조용해야 할 텐데, 권력자인 대제사장을 추종하는 사람들이 서로 주인 행세를 하며 모두 돈벌이에만 정신이 팔려 떠들썩했다.

　예수가 더럽혀진 성전을 보고 장사꾼들을 내쫓았다는 소식을 전해 들은 대제사장들은 분노했다.

최후의 만찬

믿음이 두터운 유대인들은 금요일 오후가 되어 유월절을 위해 새끼 양을 잡았다. 그리고 그날 저녁 식탁에 둘러앉아 명절을 축하하며 그 새끼 양 고기를 먹었다.

유월절 하루 전이었다. 베드로가 예수에게 물었다.

"유월절 식사 준비는 어떻게 할까요?"

"요한과 함께 예루살렘 성으로 들어가거라. 거기에 가면 물동이를 이고 가는 사람을 만날 것이다. 그 사람에게 '때가 되었으니, 주님께서 제자들과 함께 유월절 만찬을 하려

예수가 최후의 만찬을 열었던 루카의 다락방

한다.'고 말하여라. 그러면 그가 넓은 이층 방 하나를 마련해 줄 것이다."

두 제자는 곧장 예루살렘 성으로 갔다. 과연 예수가 말한 대로 길에서 물동이를 이고 가는 사람을 만날 수 있었다. 베드로와 요한은 그를 따라가서 유월절 식사 준비를 했다.

그날 밤, 예수는 열두 제자들과 함께 저녁 식사를 했다.

이 식사를 바로 '최후의 만찬'이라고 하는데, 그 이유는 예수가 제자들과 함께한 마지막 식사였기 때문이다.

제자들이 한창 식사를 하고 있을 때 예수가 말했다.

"내가 진실로 말하노니, 너희들 가운데 한 사람이 나를

레오나르도 다 빈치가 그린 〈최후의 만찬〉

배신할 것이다."

이 말을 들은 제자들은 깜짝 놀라 저마다 걱정스러운 얼굴로 물었다.

"주님, 그것이 저입니까?"

"저는 아니겠지요?"

그때, 가롯 유다가 슬며시 방에서 나가 버렸으나 다른 제자들은 그가 어디에 가는지 알 수 없었다.

예수는 제자들을 조용히 둘러보며 빵 한 조각을 집어 들고 하느님께 감사의 기도를 드린 다음 제자들에게 나눠 주었다.

"자, 이 빵을 먹어라. 이것은 나의 몸이니라."

예수는 하느님께 기도를 드리고 나서 제자들에게 다시 포도주잔을 돌리며 말했다.

"자, 이 포도주를 마셔 보아라. 이것은 바로 나의 피다. 많은 사람들의 죄를 대신해 내가 흘릴 피다."

저녁 식사가 끝나자, 예수는 자리에서 일어나 겉옷을 벗어 옆에 두고 수건을 허리에 둘렀다. 그리고 세숫대야에 물을 부은 다음 제자들의 발을 정성껏 씻어 주었다.

그리고 나서 수건으로 젖은 발을 닦아 주며 말했다.

"내가 너희들의 발을 씻어 주었으니, 앞으로는 너희들도 서로 발을 씻어 주도록 하여라."

예수는 겉옷을 걸치고 다시 자리에 앉아 말했다.

"너희들은 오늘 밤 모두 나를 저버리게 될 것이다."

그러자 베드로가 힘찬 목소리로 말했다.

"비록 다른 사람들이 모두 주님을 저버린다 해도 저만은 그런 일이 없을 것입니다."

예수는 베드로를 쳐다보며 다시 말했다.

"베드로여, 너는 새벽닭이 울기 전에 세 번이나 나를 모른다고 할 것이다."

"예수님, 그럴 리가……. 설사 이 목숨을 잃는 한이 있어도 당신을 부인하지 않겠습니다."

"맹세코 저희도……."

예수는 제자들을 둘러보며 말했다.

"오늘 밤에 겟세마네 동산에 올라가자."

겟세마네 동산에 도착한 뒤 예수가 다시 제자들을 불렀다.

"베드로, 야고보, 요한은 나를 따라오너라."

예수는 세 제자에게 말했다.

"지금 내 마음은 괴로우니 너희들은 여기에 남아서 나와 함께 깨어 있으라."

그리고 예수는 두세 걸음 앞으로 나아가 땅에 엎드려서 하느님께 기도를 올리기 시작했다.

"아버지여, 제가 마셔야 할 잔을 거두어 주소서! 그러나 제 뜻대로 하지 마시고 아버지의 뜻대로 하소서."

예수는 기도하는 동안 자신을 죽이려고 하는 사람들의

흉계를 슬퍼하며 하느님 앞에 눈물을 흘리면서 괴로워했다.

예수는 기도를 마치고 세 제자 곁으로 돌아왔다. 그러나 제자들은 모두 잠들어 있었다.

예수가 제자들을 깨우고 나서 말했다.

"너희들은 내가 기도하는 동안 잠을 잤구나. 앞으로는 마음이나마 항상 깨어 있도록 해라. 자, 이제 때가 왔다. 내가 죄인들의 손에 넘겨질 때가 온 것이다. 나를 팔아넘긴 자가 저기 동산 아래에 오고 있다. 모두 일어나거라."

예수가 붙잡히기 전에 마지막 기도를 드렸던 겟세마네 동굴

제자들이 동산 아래를 내려다보니 어두운 밤길로 유다가 올라오고 있었다. 그리고 그 뒤에는 칼과 창을 든 로마 병사들이 보였다. 군인들은 밤이 깊어 어두웠기 때문에 누가 예수인지 분간할 수가 없었다. 그래서 유다는 예수의 모습을 보자 얼른 달려와 입맞춤을 해 병사들에게 예수가 누구라는 것을 알려주었다.

"네가 입맞춤으로 나를 파는구나."

예수가 유다를 바라보며 이렇게 말했다. 그러자 로마 병사들이 예수에게 달려들었다.

"꼼짝 마라!"

"말고, 저 녀석이!"

갑자기 베드로가 달려들어 대제사장의 종인 말고의 귀를

박해받은 그리스도교도

로마 제국은 원래 이민족을 통치할 때 풍속이나 종교에 대해 간섭을 하지 않았다. 다만 사상을 통제하기 위해 황제 숭배를 강요했는데, 그리스도교도들은 유일신의 입장에서 그것을 거부했다. 게다가 그들의 비밀 집회가 의혹을 받아 더욱더 박해를 받았다.

유다가 예수임을 알리기 위해 입을 맞추는 장면

잘라 버렸다.

"악, 말고의 귀가 떨어졌다!"

"칼을 거두어라, 베드로야. 칼을 쓰는 자는 반드시 칼로 망하는 법이니라."

"와! 예수가 말고의 귀를 감쪽같이 붙였다."

그때, 다른 제자들은 두려움을 참지 못하여 예수를 저버린 채 모두 도망치고 말았다.

베드로와 요한만이 어쩔 줄 몰라 하다가 멀찍이 떨어져서 대제사장의 집까지 따라갔다.

대제사장의 집에는 예수를 보기 위해 많은 사람들이 모여들었다.

그런데 하녀 하나가 베드로에게 다가와서 물었다.

"당신도 늘 예수와 함께 다녔지요?"

"아니, 그렇지 않습니다."

베드로는 깜짝 놀라며 부인했다. 잘못하면 자기도 붙잡혀 죽을 것 같았기 때문이었다.

그리고 베드로는 마당으로 들어섰다.

그러자 또 다른 하녀가 베드로의 얼굴을 쳐다보며 물었다.

"당신은 예수의 제자가 아닌가요?"

"아니오! 나는 예수라는 사람을 모르오!"

베드로는 다시 한번 이와 같이 대답했다.

그러자 이번에는 베드로가 귀를 자른 말고의 친척이 말했다.

"당신이 예수와 함께 있는 것을 나도 분명히 보았는데……."

"그럴 리가 없습니다. 정말로 예수라고 하는 사람을 모릅니다. 정말입니다!"

바로 그때, 새벽닭이 우는 소리가 들려왔다.

순간 베드로는 무엇엔가 깜짝 놀란 듯한 얼굴을 하더니 밖으로 뛰어나가 슬프게 울었다.

왜냐하면 '너는 새벽닭이 울기 전에 세 번이나 나를 모른다고 할 것이다.'라고 한 예수의 말이 떠올랐기 때문이다.

로마 병사들은 예수를 대제사장 앞으로 끌고 갔다.

그곳에는 여러 사람들이 모여 예수를 죄인으로 만들기

베드로가 닭의 울음소리를 들었던 곳에 세워진 계명 교회

위한 갖가지 이유를 짜내고 있었다.

이윽고 가야바라는 대제사장이 예수를 향해 물었다.

"너는 분명 하느님의 아들이냐?"

"그렇소."

예수가 이렇게 대답하자 모여 있던 사람들은 당장 사형에 처하라고 야단법석이었다.

대제사장은 예수에게 몇 가지 질문을 더 했는데, 대부분이 사람들에게 가르친 내용을 묻는 것이었다.

"나는 이제까지 한 점 부끄러움도 없이 정정당당하게 설교했소. 그러니 무엇을 가르쳤느냐 하는 것은 그것을 들은 사람들에게 직접 물어보시오."

그러자 두 사람이 앞으로 걸어 나와서 대제사장에게 거짓 증언을 했다.

"이 사람은 하느님의 성전을 부수고 사흘 만에 다시 세운다고 말했습니다. 이 두 귀로 분명히 들었습니다."

이 말에 예수는 한 마디도 대꾸하지 않았다.

결국 대제사장은 하느님을 모독했다며 예수를 사형에 처하기로 했다.

날이 밝자, 예수는 로마 총독 빌라도에게 다시 끌려갔다. 그의 허락을 받지 않고는 누구도 마음대로 죽일 수가 없기 때문이었다.

로마 총독 빌라도가 물었다.

"당신과 같은 민족인 유대인들과 대제사장이 당신을 끌고 왔는데, 대체 무엇을 잘못했나?"

그러자 예수는 차분한 목소리로 대답했다.

"내가 이스라엘에서 태어난 것은 사실이지만, 나의 나라는 여기가 아니오. 나는 하느님의 말씀을 전하기 위해 잠시

이 세상에 왔을 뿐이오."

빌라도는 예수의 당당한 태도에 놀랐다.

'너무도 당당하구나…….'

빌라도가 고민 끝에 예수를 구하려고 군중들을 바라보며 말했다.

"나는 이 사람에게서 아무 죄도 찾지 못하였소!"

빌라도는 축제 때 죄수 하나를 사면하는 관습을 이용하여 예수를 풀어주고자 강도와 살인으로 유대인의 미움을 받는 바라바와 예수를 그들 앞에 나란히 내세우며 둘 중 하나를 선택하게 했다. 하지만 유대인 군중은 격동하여 말했다.

"바라바를 풀어주고 예수를 사형에 처해야 하오!"

"이런 어쩔 수 없군. 잘못하면 폭동이 일어나 내가 큰 곤경에 처하겠어. 물을 가져와라! 이 사람이 흘리는 피에 대해 난 책임이 없소."

그러자 사람들이 다시 외쳤다.

"걱정하지 마오 예수가 흘리는 피는 우리와 우리 자손들이 책임질 것이오!"

이 말이 끝나자마자 빌라도는 예수를 그들에게 맡기고 나서 물러섰다.

그 무렵은 매우 잔혹한 시대였다.

누구든지 사형 선고를 받게 되면 십자가*에 못 박혀 참기 힘든 고통을 당하면서 죽어야 했다.

예수에게도 그와 똑같은 형벌이 내려졌다.

로마 병사들은 예수를 고문하고 자줏빛 옷을 입힌 다음 가시로 만든 면류관을 씌웠다. 병사들은 예수의 얼굴에 침을 뱉고 이렇게 조롱하기도 했다.

"유대인의 위대한 왕 만세!"

이윽고 그들은 예수에게 십자가를 짊어지게 하고 쓰러지는 예수를 채찍질하며 형장으로 끌고 갔으며 이 모습을 어

십자가

그리스도교에서 예수의 죽음과 그것에 의한 구원을 상징하는 '+'자 모양의 표시. 십자가는 존경, 명예, 희생, 속죄, 고난 등의 의미가 있는데, 그리스도교 이전에도 몇몇 민족 사이에 종교적 상징으로 쓰였다.

십자가를 지고 골고다 언덕으로 가는 예수

머니 마리아가 눈물을 흘리며 지켜보았다.

　고문에 지친 예수가 더는 걷지 못하자 병사들은 군중 중에서 시몬이라는 사람을 잡아서 예수의 십자가를 대신 짊어지게 하였다.

　온갖 고통을 겪으며 골고다 언덕에 이르자, 병사들은 십자가를 눕혀 그 위에 예수를 올려놓고 두 손과 두 발에 못을 박아 결박한 후에 십자가를 세웠다.

　십자가 꼭대기에는 '유대인의 왕'이라고 쓴 푯말이 붙여졌다. 그리고 양옆에는 두 사람의 죄수가 십자가에 못 박혀 있었다.

　예수는 고통 속에서도 메시아를 알지 못해 평소처럼 많은 일을 하는 로마 병사들을 보고 기도했다.

　"하느님, 부디 저 사람들을 용서해 주십시오. 저들은 지금 자기가 무슨 일을 하고 있는지 모릅니다."

　병사들은 제비뽑기해 예수의 옷을 서로 나누어 가졌다. 옆에 매달린 죄수 가운데 한 사람이 예수를 조롱했다.

　"당신은 구세주라고 하지 않았소? 그러니 어서 당신 자신과 우리를 구해 보시오."

그러자 또 한 죄수가 그를 꾸짖었다.

"우리는 죗값으로 이렇게 죽는 것이 당연하지만, 저분이야 무슨 죄가 있느냐!"

그리고 그는 예수를 향해 간절하게 말했다.

"주님, 당신이 천국으로 가시면 부디 저를 잊지 말고, 기억해 주십시오."

"내가 진실로 네게 이르노니 오늘 네가 나와 함께 낙원에 있으리라."

예수는 옆의 죄수에게 위로하는 말을 했다.

"아버지……. 제 영혼을 당신 손에 맡깁니다."

그리고 마지막 말로 그의 고통을 끝냈다.

"다 이루었다."

이를 지켜보던 유다는 견딜 수 없는 죄책감이 들었다.

"오, 주여! 이 유다를 용서하소서. 양심의 가책을 견딜 수가 없구나."

예수님이 십자가에 못 박혀 돌아가시자 요셉이란 사람이

빌라도를 찾아갔다.

"총독님, 저는 요셉이라고 합니다. 예수님의 시신을 거두어 가족묘에 모실 수 있게 해 주십시오."

요셉은 아리마대의 부자로 예수의 제자 중 한 사람이었다.

요셉은 니고데모라는 사람과 함께 유대의 관습에 따라 예수의 시신을 향료로 닦았다.

그리고 정성스럽게 천으로 싸서 무덤에 모셨다.

두 사람은 큰 돌로 무덤 입구를 막아 놓고 돌아갔고 병사들은 사흘 만에 부활하리라는 예언에 시신이 없어지는 것을 막고자 묘지 입구를 막은 큰 돌을 밧줄로 묶고 봉인까지 했으며 다른 병사를 시켜 무덤을 지키게 하였다.

안식일 다음 날, 날이 새자 세 여인이 예수의 무덤으로 찾아왔다.

그들 역시 관습에 따라 향유를 발라 주기 위해 온 것이었다.

"무덤 입구를 막은 저 커다란 돌을 누가 치워 주죠? 그렇지 않으면 안으로 들어갈 수가 없을 텐데요."

그들은 걱정하며 한동안 이야기를 나누었다.

그런데 문득 고개를 들어 다시 무덤을 바라보니 어느 틈엔가 입구를 막았던 돌이 저만큼 치워져 있었다.

그들은 가까이 다가가 무덤 안을 들여다보았다. 그런데 그곳에는 예수의 시신 대신 천사가 있었다.

세 여인이 깜짝 놀라며 와들와들 떨자 천사가 조용히 말했다.

"놀라지 마십시오. 당신들은 십자가에 못 박힌 예수님을 찾고 있지요? 하지만 예수님은 여기에 안 계십니다. 이미 부활하셨어요. 그러니 어서 돌아가 제자들에게 예수님께서 부활하셨다고 전해 주십시오."

세 여인은 놀라움과 두려움에 몸을 떨며 무덤에서 재빨리 빠져나왔다. 그리고 예수의 제자들을 만나 이 사실을 전했다.

그러나 제자들은 좀처럼 예수의 부활을 믿지 않았다.

그날 오후, 부활한 예수가 엠마오 마을을 향해 가는 두 제자 앞에 나타났다.

하지만 아무도 부활한 예수를 알아보지 못했다. 그들 가운데 글로바라는 사람이 예수에게 말했다.

"얼마 전에 예루살렘에서 이상한 일이 일어났어요."

"대체 무슨 일입니까?"

"구세주께서 돌아가신 지 사흘 만에 세 여자가 그 무덤에 가 보았답니다. 그런데 놀랍게도 시신이 없어졌다더군요."

"당신들은 구세주가 사흘 만에 부활하여 하느님 곁으로 돌아간다는 성서의 말씀을 모르십니까?"

병사들은 시신을 찾으려 도시를 수색했지만 허사였다.

부활한 예수는 제자들과 함께 엠마오로 갔다.

한참 길을 걷다가 저녁 식사 때가 되자, 예수는 하느님께 기도를 올린 다음 제자들에게 빵을 나누어 주었다.

그제야 제자들은 그가 부활한 예수라는 것을 깨달았다.

"오, 이분이 바로 부활한 구세주이시다!"

그러나 그 순간 예수는 사라져 버렸다.

제자 중에 도마는 이 말을 전해 듣고도 예수가 부활하여 나타났을 때 그곳에 없었으므로 믿으려 하지 않았다.

"나는 그 손의 못 자국을 직접 만져 보지 않고서는 절대 믿을 수가 없다."

도마는 단호하게 말했다.

그러나 일주일 후, 도마를 포함한 열한 명의 제자가 모여 있을 때 또다시 예수가 나타났다.

예수는 도마에 말했다.

"너의 손으로 내 손바닥의 못 자국을 만져 보아라. 그래서 믿지 않는 사람이 되지 말고, 믿는 사람이 되어라."

그제야 도마는 큰소리로 외치며 예수 앞에 엎드렸다.

"오, 주님! 용서하십시오, 구세주여!"

"도마야, 보고 나서 믿는 사람보다 보지 않고 믿는 사람이 더욱 축복을 받을 것이다."

예수는 부활한 후, 40일 동안 제자들을 가르쳤다. 그리고는 제자들을 데리고 감람산으로 올라갔다.

"너희들은 나의 약속을 기억하고 있느냐? 모두들 예루살렘에서 성령을 기다려라."

그리고 곧 예수님은 하늘로 올라갔다.

예수가 승천했던 올리브산 기슭에 있는 겟세마네 교회

그때 어디선가 천사가 나타났다.

"제자들이여…… 잘 들으시오. 예수께서는 지금 하늘로 오르신 것과 같이 언젠가 그와 같은 모습으로 다시 세상에 오실 것입니다."

"오…… 천사님. 알겠습니다."

"자, 어서 감람산을 내려가 사람들에게 예수님의 얘기를 전합시다."

"그런데 유다 대신 누굴 제자로 맞아들이지?"

"맛디아가 적당하오."

"좋아요. 그를 예수님의 열두 제자 중 한 사람으로 삼읍

시다."

그 후 열두 제자는 여러 나라를 돌아다니며 예수의 삶과 그 가르침을 전했다.

제자들은 예수의 부활을 확인한 다음부터 전혀 다른 사람들이 되었다.

예수를 죽였던 자들을 피해 늘 숨어 지냈는데, 그 무렵부터는 무엇에도 굴하지 않는 용기가 생겨났다. 그들은 예수를 위해서라면 어떠한 일이든 서슴지 않고 해내게 되었다.

또 지금까지 몇 번씩 들어도 알 수 없었던 예수의 가르침을 잘 이해하게 되었고, 사람들이 알기 쉽도록 전하고 다녔다.

그리하여 날이 갈수록 예수를 믿는 사람들이 늘어 갔다.

그처럼 예수를 믿는 사람들이 늘어난 데에는 제자들의 노력이 큰 몫을 담당했다. 그중에서도 바울과 베드로의 힘이 가장 컸다.

그래서 지금도 예수의 가르침은 바다처럼 마르는 일 없이 전세계 사람들의 마음속에 스며들어 세상을 살아가는 지혜를 일러 주고 있다.

예수의 생애

 베들레헴의 마구간에서 태어난 예수는 열두 제자들과 함께 일생 동안 하느님의 진리와 복음을 전했다. 제자 중 한 명이었던 유다는 대제사장을 찾아가 예수를 넘겨주는 대가로 은화 30개를 받고 배반하여 밀고한다.

 대제사장들은 예수를 빌라도 총독에게 넘기어 주었고 이를 지켜본 유다는 후회하고 은전 30개를 돌려주려 하지만 대제사장들은 거절한다. 이에 유다는 은전을 성소에 던지고 비참한 죽음을 맞이한다.

 예루살렘에 도착하여 최후의 만찬을 마치고 수난을 당한 예수는 골고다 언덕에서 십자가에 못 박혀 세상을 떠났다가 예언대로 3일 만에 부활했다.

예수

(Jesus Christus B.C.4~A.D.30)

기원전 4년
이스라엘 베들레헴의 마구간에서 태어났다. 어머니인 마리아는 요셉과 약혼 중 성령으로 잉태하여 예수를 낳았다고 한다. 예수의 부모는 예수를 죽이려는 헤롯왕을 피해 이집트로 떠났다.

8년
유월절에 부모를 따라 예루살렘으로 갔다. 예수는 성전에서 학자들과 문답하여 그 현명함으로 사람들의 감탄을 자아냈다. 예수살렘으로 돌아와 아버지의 뒤를 이어 목수가 되었다.

26년
세례 요한에게 세례를 받았다. 성령의 인도로 광야에 나가 40일 동안 악마의 시험을 받았으나 이를 물리쳤다.

28년
사람들에게 용서와 복음을 전하는 선교 활동을 시작했다.

29년
예루살렘과 갈릴리를 중심으로 하느님의 말씀을 전했다.

30년
제자들과 최후의 만찬을 들었다. 겟세마네 동산에서 붙잡혀 이스라엘을 지배하던 로마 총독 빌라도에게 재판을 받았다. 모진 고문을 받고 이튿날 골고다 언덕으로 끌려가 십자가에 못 박혀 죽은 예수는 죽은 지 사흘 만에 부활하여 40일 동안 제자들과 함께 머물다가 승천했다.